So präsentiert sich heute die Karniner Hubbrücke im Peenestrom vor der Insel Usedom vom Karniner Ufer aus. Deutlich zu erkennen die hochgehobenen Überbauten
Foto: Detlef. Radke

Wer mit dem Zug von Berlin nach Stralsund reist, kann zwischen Ducherow und Anklam in östlicher Richtung ein großes Stahlgerüst erkennen.

Auch bei einer Fahrt mit dem Auto auf die Insel Usedom entlang der B 110 oder per Schiff über das Stettiner Haff macht dieses eindrucksvolle Bauwerk, die Eisenbahnhubbrücke Karnin, auf sich aufmerksam.

Mit dieser überaus interessanten Brücke beschäftigt sich die vorliegende Publikation. Aber auch die Geschichte der Eisenbahn auf Deutschlands zweitgrößter Insel kommt im folgenden nicht zu kurz.

Wie steht es um die Zukunft der Hubbrücke? Auch darauf soll eine Antwort gegeben werden.

Für die freundliche Unterstützung bei der Erarbeitung des Manuskriptes möchte ich mich besonders bei den Herren Peer Wittig (Anklam), Hans-Jürgen Kumm und Horst Kunow (Ducherow), Thomas Butrym (Stettin), sowie Wolfgang Fredrech (Neubrandenburg) bedanken. Dank gilt weiterhin dem Museum im Steintor Anklam und dem Haffmuseum Ueckermünde.

Heiko Bergmann

Ueckermünde im Januar 1997

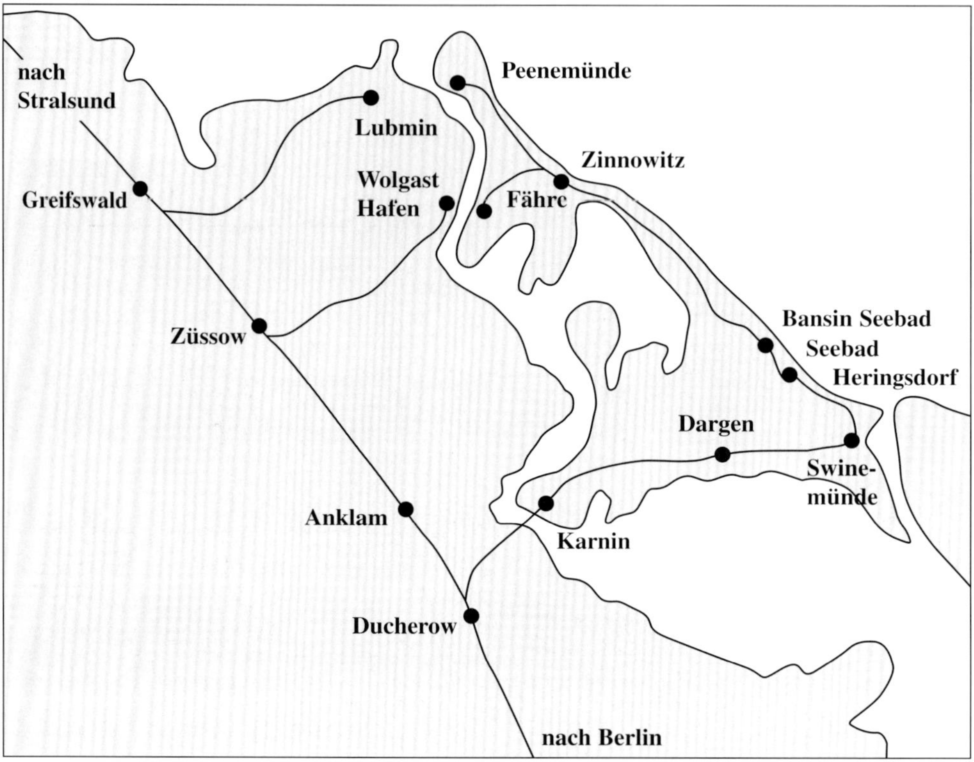

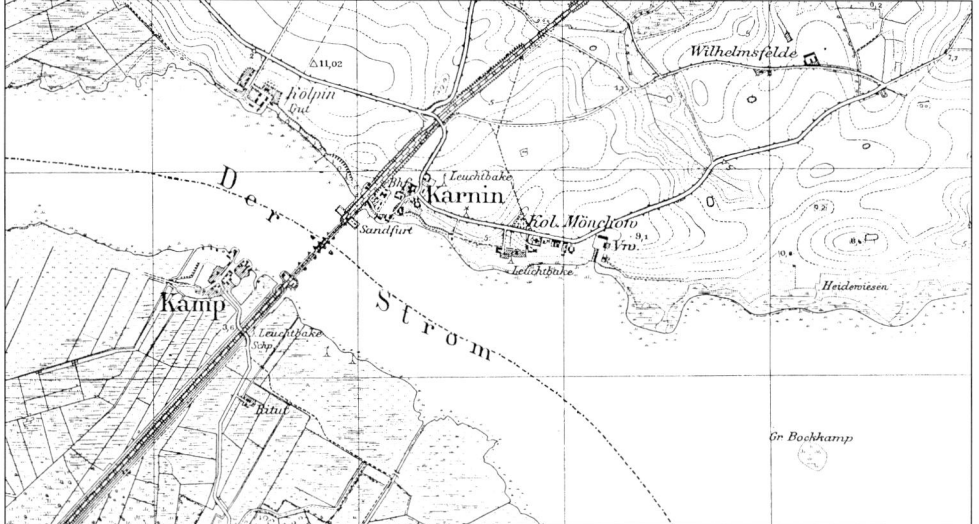

Reproduktion eines Meßtischblattes von 1887 mit dem Streckenabschnitt um die Karniner Eisenbahnbrücke.
Sammlung Heiko Bergmann

Die Karniner Eisenbahnbrücke vermutlich in den 20er Jahren aufgenommen, als sie noch im Mittelteil als Drehbrücke ausgebildet war. Gut erkennt man auch eine der auf beiden Seiten vorhanden gewesenen Kasematten, die einem Festungsbauwerk glichen.
Foto: Sammlung Haffmuseum Ueckermünde

1. Die Eisenbahn auf der Insel Usedom - ein geschichtlicher Rückblick

Bereits ein Jahr nach Eröffnung der ersten deutschen Eisenbahnstrecke (1835) brachten Berliner und Stettiner Bürger den Gedanken einer Eisenbahnverbindung von Berlin über Eberswalde und Angermünde nach Stettin auf den Weg. Eine ausschlaggebende Rolle hatte dabei auch der Anschluß des Stettiner Hafens an die preußische Hauptstadt gespielt. Bereits am 30. Juli 1842 war der Abschnitt Berlin - Eberswalde fertig, gefolgt von dem Teilstück Eberswalde - Angermünde am 15. November 1842 und dem restlichen Abschnitt nach Stettin zum 15. August 1843. Die Berlin-Stettiner Eisenbahngesellschaft wollte nach Eröffnung ihrer Stammstrecke gern eine Verbindung von dem Bahnhof Passow (zwischen Angermünde und Stettin) nach Stralsund errichten. Da sie für dieses Projekt keine Zustimmung bei der preußischen Regierung fand, legte sie es zu den Akten und wandte sich stattdessen einer Verbindung Stralsunds von Angermünde aus über Pasewalk und Anklam zu. Hierfür bekam sie eine Konzession und seit dem 16. März 1863 rollt der Verkehr auf dem Teilstück Angermünde - Pasewalk - Anklam. Am 27. September 1863 schließlich erreichte der erste Zug die Hansestadt Stralsund. Noch bis Mitte des 19. Jahrhunderts war die Fischerei der Haupterwerbszweig für die Küstenorte Usedoms. Das änderte sich erst mit der Erschließung der Insel durch die Eisenbahn. Zahlreiche bekannte Badeorte wie Heringsdorf, Ahlbeck, Bansin oder Zinnowitz entstanden. Die Insel Usedom entwickelte sich zur „Berliner Badewanne". Einen Ausgangspunkt für eine Eisenbahnanbindung zur Insel Usedom fand man in dem kleinen Bahnhof Ducherow, an der

Strecke Berlin - Stralsund gelegen. Am 15. Mai 1876 konnte zunächst die Hauptbahn Ducherow - Swinemünde für den Reise - und Güterverkehr eröffnet werden. Die weitere Erschließung der Insel erfolgte in nachstehenden Etappen:
- Swinemünder Hafenbahn 15. 5. 1876
- Verlängerung derselben 1. 1. 1882
- Swinemünde - Heringsdorf 1. 7. 1894
- Ostwine - Swinemünde (Fährverkehr) 1. 7. 1901

Mit der Eröffnung der Nebenbahn Heringsdorf - Wolgaster Fähre am 1. Juni 1911 war der Bau von Eisenbahnstrecken auf Usedom vorerst beendet.

Bei der Errichtung der letztgenannten Strecke gab es nahe Heringsdorf einige Schwierigkeiten mit der Streckenführung. Eine Aktiengesellschaft „Seebad Heringsdorf" besaß das Gelände um den Bahnhof. Durch den Bau der Eisenbahn befürchtete sie um den Verlust ihrer Tennisplätze. Der Einspruch der Aktiengesellschaft (AG) verhinderte schließlich die direkte Weiterführung der Swinemünder Strecke bis nach Wolgaster Fähre. Die Bahnverwaltung sah sich gezwungen, die Liegenschaften der AG zu umgehen. Das wiederum führte zum Bau der betrieblich ungünstigen Spitzkehre Heringsdorf. Der Bau eines Tunnels schied aus Kostengründen aus.

Im Jahre 1906 konnte die Zulassung der Bahnhöfe Swinemünde Hbf, Heringsdorf Bad, Ahlbeck Bad, Usedom und Dargen für den internationalen Verkehr erreicht werden. Haupttransportgüter auf der Strecke Ducherow - Swinemünde waren zum damaligen Zeitpunkt landwirtschaftliche Produkte sowie Kohle und Stückgut. In Ahlbeck und Heringsdorf hatten sogenannte Bestättereien ihr Domiziel. Diesen von der Bahn bestellten Fuhrunternehmen oblag der Transport von Gütern vom Bahnhof zu den Kunden.

Eine Lokomotive der preußischen Gattung P 4² (36⁰⁻⁴) mit einem Personenzug beim Überfahren der Drehbrücke, um 1915.
Foto: Sammlung Museum im Steintor Anklam

Im Jahre 1908 zwang der steigende Verkehr zu einem zweigleisigen Ausbau der Strecke zwischen Ducherow und Swinemünde. Für das zweite Gleis wurde nahe der Gemeinde Busow eine Brücke über die Strecke Berlin - Stralsund errichtet. Der Bahnhof Ducherow konnte so die von der Insel kommenden Züge problemlos aufnehmen. Reste dieser einst auch als „Busower Tunnel" bekannten Brücke sind noch heute erhalten.

Der 1. Februar 1933 brachte eine Umwandlung der Hafenbahn Swinemünde in ein Nebengleis des Swinemünder Hauptbahnhofes mit sich. Über dieses Gleis verkehrte auch ein sogenannter „Witwenzug". Dieser „besseren Herrschaften" vorbehaltene Zug fuhr von Stettin über Ostswine nach Swinemünde. Von dort ging es per Kurswagen weiter bis nach München.

Die dreißiger Jahre wurden bestimmt von einem rasanten Aufschwung des Bäderverkehrs. Zahlreiche Schnell - und Eilzüge brachten die Urlauber in kürzester Zeit auf die Insel Usedom. Das Angebot des Sommerfahrplans 1936:

D	35	Berlin - Carlshagen-Trassenheide
D	36	Carlshagen-Trassenheide - Berlin
E	31	Berlin - Wolgaster Fähre
E	32	Wolgaster Fähre - Berlin
E	33	Berlin - Zinnowitz
E	34	Zinnowitz - Berlin
E	133	Berlin - Swinemünde Hbf
E	134	Swinemünde Hbf - Berlin
E	141	Berlin - Carlshagen-Trassenheide
E	142	Carlshagen-Trassenheide - Berlin
E	178	Seebad Heringsdorf-Dresden/Breslau
E	179	Breslau/Dresden-Seebad Heringsdorf

Abgangsbahnhof für sämtliche von Berlin verkehrenden Züge war der Stettiner-, der spätere Nordbahnhof. Einige der genannten Züge bewirtschaftete die Mitropa.

Wie es zur damaligen Zeit vor dem Ahlbecker Bahnhof zuging, beschrieb die Schriftstellerin und Publizistin Carola Stern überaus anschaulich:

„Zu Pfingsten kamen die ersten Gäste... Vor dem Bahnhof standen zu ihrem Empfang in geordnetem Spalier vorn die Droschkenkutscher und die Hausdiener der besseren Pensionen und Hotels, dann die Wirtsleute, die Stammgäste erwarteten, und ganz hinten ein paar Frauen, die Gäste kapern wollten..."

Reger Badebetrieb einerseits, das Militär andererseits bestimmten ab Mitte der dreißiger Jahre das Bild auf der Insel Usedom. Den nordwestlichsten Teil der Insel, ab Zinnowitz, sperrte das Militär 1936 hermetisch ab und erbaute hier die Heeres - und Luftwaffenversuchsanstalt Peenemünde. Der bekannte Wissenschaftler Wernher von Braun entwickelte hier mit 36 Professoren, rund 1500 Wissenschaftlern und Ingenieuren und 5000 Facharbeitern

1 : 1 Modell einer in Peenemünde entwickelten V2 Rakete, die eigentlich die Bezeichnung Aggregat - 4 hatte. Sie steht im Historisch - technischen Informationszentrum Peenemünde. Konstruiert für einen sinnlosen Krieg, war sie Ausgangspunkt der zivilen Raumfahrt.   Foto: D. Radke

Diese beiden Fotos aus den 30er Jahren zeigen die Empfangsgebäude der Bahnhöfe Bansin Seebad (oben) und Carlshagen-Trassenheide (unten).
Fotos: Sammlung Thomas Butrym

Sommerfahrplan 1934 (Auszug)

Raketenwaffen. Später kamen zahlreiche Kriegsgefangene, Zwangsarbeiter und KZ-Häftlinge hinzu, um die Produktion der entwickelten V 1 und später der V 2 zu gewährleisten.

Vom Bahnhof Zinnowitz aus wurde das Gelände mittels einer eingleisigen Werkbahn angeschlossen. Da der Eisenbahnverkehr immer weiter zunahm, mußten die Gleisanlagen ständig ausgebaut werden. Die am stärksten befahrenen Abschnitte wurden gar von 1941 bis 1943 elektrifiziert. Am 15. April 1943 war die offizielle Eröffnung des elektrischen Abschnittes bis Zinnowitz. Mit ihren Bildstellwerken gehörte sie zu den modernsten Bahnen im damaligen Deutschen Reich. Für den nicht öffentlichen Werkspersonenverkehr fuhren zweiteilige Triebwagenzüge, die im Grundaufbau den Fahrzeugen der Berliner S-Bahn der Baureihe ET 167 entsprachen, aber den Fahrstrom nicht von einer seitlichen Stromschiene, sondern von einer normalen Fahrleitung abnahmen. Infolge der Kriegsvorbereitungen erhielt auch der Fliegerhorst Garz einen Gleisanschluß. Darüberhinaus entstand in der Mellenthiner Heide durch die Anlegung eines unterirdischen Munitionsdepots ein meterspuriges Feldbahnnetz. Dieses führte bis zum Hafen Dargen.

Es war nur eine Frage der Zeit, bis den Alliierten das geheimnisvolle Treiben auf der Insel Usedom auffallen würde,. In der Nacht vom 17. auf den 18. August 1943 brach über Peenemünde das Inferno aus. Getarnt als Angriff auf Berlin, ließen rund 600 englische Bomber ihre tödliche Fracht über der Versuchsanstalt Peenemünde fallen. Leider trafen die Bomben überwiegend die Siedlungen des Personals und die Lager der Kriegsgefangenen. Fast 800 Tote waren zu beklagen. Daraufhin begann man, die V2-Raketenproduktion in unterirdische Stollen bei Nordhausen zu verlagern.

Nach Sprengung der Karniner Eisenbahnbrücke im Frühjahr 1945 nutzte man den Abschnitt von Ducherow bis Kamp noch zum Abstellen schadhafter Güterwagen. Swinemünde fiel nach 1945 bekanntlich an Polen. Dennoch wurde der Güterverkehr von Ahlbeck nach Gartz bis Anfang 1948 aufrecht erhalten. Der Grund: in Gartz mußte der Flugplatz weiterhin mit benzingefüllten Kesselwagen beliefert werden. Darüberhinaus waren täglich Reparationsgüter aus Peenemünde zum Hafen Swinemünde abzufahren. Auch soll es in den ersten Nachkriegsjahren einen Berufsverkehr bis nach Karnin gegeben haben. Bis Ende 1948 wurde dann das Gleis zwischen Ahlbeck und Karnin demontiert. Das gleiche Schicksal traf den Abschnitt von Ducherow nach Kamp. Lediglich einige hundert Meter Gleis nahe der Bahnhöfe Ducherow und Ahlbeck blieben liegen.

Durch die Zerstörung der Karniner Eisenbahnbrücke wurde die Eisenbahn auf Usedom im wahrsten Sinne des Wortes zu einer Inselbahn. Den Anschluß an das übri-

Auf dem ehemaligen Bahnhofsgelände von Dargen steht noch immer das Stellwerk.   Foto: Detlef Radke

Straßenansicht des Karniner Bahnhofsgebäudes im Oktober 1996. Das Gebäude steht leer und ist dem Verfall preisgegeben. Die Bahnsteigkanten sind noch zu erkennen. Im Gleisbereich wachsen seit fünfzig Jahren Bäume. Foto: D. Radke

Ein Güterzug aus Stralsund passiert den ehemaligen „Busower Tunnel" bei Ducherow im Sommer 1991. Hier überquerte einst das Streckengleis aus Swinemünde die Hauptstrecke Berlin - Stralsund. Foto: Heiko Bergmann

Bahnhof Ahlbeck im Mai 1966, dem letzten Einsatzjahr der Dampflokbaureihe 56$^{2-8}$. Das Foto zeigt die 56 765, die als einzige Lok dieser Baureihe mit Windleitblechen versehen war. Foto: G. Propp

ge Streckennetz der Deutschen Reichsbahn gewährleistete fortan das Fährschiff „Stralsund" zwischen Wolgast Hafen (auf dem Festland) und Wolgast Fähre (auf der Insel). Trajektiert wurden aber nur die Güterwagen. Die Reisenden mußten zwischen beiden Bahnhöfen einen rund 800 m langen Fußmarsch auf sich nehmen. Bis Ende 1990 konnte es im regulären Einsatz beobachtet werden. Gegenwärtig liegt es nur einige Meter vom Bahnhof Wolgast Hafen entfernt vor Anker. Das betagte Fährschiff ist bereits 1890 auf der Schichau Werft in Elbing vom Stapel gelaufen. Es hat noch immer seine ursprüngliche Antriebsanlage mit Dampfkessel und zwei Dampfmaschinen. Der Dampfkessel und eine Dampfmaschine sind bereits überholt worden. Für die Aufarbeitung der zweiten Dampfmaschine fehlt leider z.Z. das Geld.
Für den Lokomotiveinsatz auf Usedom waren überwiegend die Bahnbetriebswerke (Bw) Swinemünde und Berlin Gesundbrunnen zuständig. Aber auch das Bw Pasewalk bespannte einige Züge. Zum Einsatz gelangten Lokomotiven der preußischen Gattungen G 3 (53^{70-71}), G 5^4 (54^{8-10}), G 8^1 (56^{2-8}), P 8 (38^{10-40}), T 3 (89^{70-75}), T 9^1 (90^{0-2}), T 9^3 (91^{3-18}), T 12 (74^{4-13}), T 16 (94^{2-4}) und T 18 (78^{0-5}). Die Schnell - und Eilzüge beförderte überwiegend die S 10^{0-2} (17^2), aber auch die P 8 und ab 1934 gelegentlich Einheitslokomotiven der Baureihen 01 und 03. Die T 18 des Bahnbetriebswerkes Swinemünde trug von 1918 bis 1946 die Hauptlast des Zugverkehrs auf Usedom. Durch die neue Grenzen und dem damit verbundenen Verlust des Bw Swinemünde, entwickelte sich nach 1945 der einstige Lokbahnhof Heringsdorf zu einem Bahnbetriebswerk. Gleichzeitig begannen für gut 20 Jahre Schlepptenderdampfloks der Baureihe 56$^{2-8}$ hier heimisch zu werden. Im Jahre 1966 vollzog sich ein Wandel im Lokpark. Eigentlich sollten die 56er von 64er abgelöst werden. Aber bei Probefahrten

Das Fährschiff „Stralsund" im März 1997 an seinem Liegeplatz im Wolgaster Hafen. Wenn auch die zweite Dampfmaschine aufgearbeitet ist, währe es wieder voll funktionsfähig. Foto: Heiko Bergmann

86 1323 mit elf Personen - und einem Packwagen am Haken im Juli 1972 bei der Einfahrt in den Bf Bansin. Die Reisenden dieses Zuges (P 2070) hatten nach dem 800 m langen Fußmarsch, von Wolgaster Fähre nach Wolgast Hafen, Anschluß an den D 1070 der über Cottbus und Dresden nach Karl-Marx-Stadt verkehrte. Foto: Detlef Winkler

Ein in den Bahnhof Bansin im Juli 1972 einfahrender Personenzug mit der 86 1030. Nur auf der Insel Usedom trugen die Tenderloks der Baureihe 86 wegen der starken Winde Windleitbleche. Foto: Detlef Winkler

Ein modernisierter Triebwagen der „Usedomer Bäderbahn" im Oktober 1996 beim verlassen des Bahnhofes Zinnowitz. Er ist nach Peenemünde unterwegs. Das Stellwerk wird heute als Wohnhaus genutzt. Foto: Detlef Radke

zeigte sich, daß diese Lokomotiven teilweise zu schwach waren. So kamen für die abgestellten 56er Tenderdampfloks der Baureihe 86 in den Einsatz. Ungewöhnlich war die Anbringung von Windleitblechen an dieser Baureihe. Das gab es in ganz Deutschland nicht noch einmal. Mit 56 756 erhielt auch eine Lokomotive der Baureihe 56^{2-8} Windleitbleche wegen des ständigen starken Windes auf der Insel Usedom und der damit verbundenen Rauch - und Abdampfbelästigung für das Lokpersonal. Im Mai 1974 endete mit Abstellung der 86er der Dampflokeinsatz auf Usedom. Fortan fuhren Diesellokomotiven der Baureihe 110 vor den Zügen. Aber auch Rangierdiesellokomotiven der Baureihen 102 und 106 bespannten einige Züge, wobei die 102 zwischen Zinnowitz und Peenemünde mit ehemaligen Triebwagenbeiwagen zum Einsatz kam. Auf dieser Strecke lösten schon 1953 Dieseltriebwagen die Dampflokomotiven ab. Sie ersetzte man 1962 wiederum durch mit Diesellokomotiven der Baureihe V 36 bespannte Züge.

Seit Ende Mai 1993 stehen für den Zugverkehr modernisierte Leichttriebwagen der Baureihe 771 zur Verfügung. Der konsequente Stundentakt hat die Fahrgastzahlen enorm ansteigen lassen.

Für das Umstellen der Güterwagen nach Usedom stand in Ducherow eine Kleinlokomotive (Kö) zur Verfügung. An diesen Rangierbetrieb erinnerte sich Herr Heinz Anders, der von 1937 bis 1939 Junghelfer auf dem Bahnhof war, wie folgt:

„Wenn die Güterzüge einliefen, setzte sich die kleine Rangierlok in Bewegung und der Rangiermeister sorgte mit seiner kleinen Kolonne für das Umstellen der Züge nach Swinemünde. Die Waggons wurden von Gleis 1 nach Gleis 5 umgesetzt, immer bündelweise, gegen 7 Uhr, 9 Uhr, mittags, zwischen 16 und 17 Uhr, bis abends 0 Uhr, dann fiel der Hammer."

Die Kö kam auch im Streckendienst nach Karnin zum Einsatz.

Für den regen Umsteigeverkehr in Richtung Usedom waren in Ducherow stets zahlreiche Gepäckträger zur Hand. Auch dazu kann Herr Anders einiges berichten:

„War er ein Muffel, hat er nichts verdient, war er rege, konnte er sich eine Villa verdienen."

Einer der Gepäckträger hatte es tatsächlich geschafft. Er verdiente sich ein eigenes Häuschen mit Zwiebeldach in Ducherow.

86 1030 im Juli 1972 mit einem Personenzug bei Bansin. Der Zug überquert gerade den einzigen Viadukt im Inselstreckennetz. 1996/97 ist er völlig überholt worden. Foto: D.etlef Winkler

Ein Personenzug, gezogen von einer preußischen T 18, bei der Fahrt über die bereits zweigleisige Karniner Brücke in Richtung Swinemünde. Die Lok passiert hier gerade die Drehbrücke.   Foto: Sammlung Museum im Steintor Anklam

2. Die Drehbrücke

Im Zuge der Bauarbeiten für die Eisenbahnstrecke nach Swinemünde entstand für die Überquerung des Peenehaff eine zunächst eingleisige Drehbrücke mit fünf festen Überbauten. Die Genehmigung zum Bau der Brücke erteilte im Januar 1874 das Eisenbahn-Kommissariat Berlin an das Direktorium der Berlin-Stettiner Eisenbahngesellschaft. Zuvor mußten allerdings noch zahlreiche Einsprüche von Torfgrundstücks- und Fischereibesitzern behandelt werden. Auch forderten die militärischen Ansprüche der Festungsinspektion Danzig zeitraubende Vorbereitungen. Dennoch konnte noch Im selben Jahr mit der Bauausführung begonnen werden.

Im Januar 1875 wurden die Arbeiten durch einen orkanartigen Sturm erheblich beeinträchtigt. Teilweise waren die Baugerüste umgestürzt und ins Haff fortgetrieben worden. Elf Monate später, im Dezember 1875, konnte dann die Fertigstellung der Brücke vermeldet werden. Die Inbetriebnahme wurde am 11. März 1876 genehmigt.

Die Brücke verfügte über vier gemauerte Toraufbauten an den Landwiderlagern sowei vier gemauerte Türme beiderseits der Schiffsdurchfahrten. Mit dem zweigleisigen Ausbau 1908 kamen fünf weitere feste Überbauten für das neue Streckengleis und die südöstliche Drehbrücke hinzu. Gleichzeitig wurden sämtliche Überbauten im nordwestlichen Gleis verstärkt und die alte Drehbrücke mit neuen Maschinenteilen sowie elektrischem Antrieb versehen.

Die beiden Drehbrücken schwenkten jeweils auf einem besonderen Königsstuhl (Drehscheibe), waren aber durch Drahtseile miteinander verbunden. Einschließlich der Signalbedienung betrug die Zeit für das einmalige Öffnen und Schließen der Brücke nach Ausrüstung mit elektrischem Motor nur noch 32 Minuten. Das war eine Reduzierung um fast eineinhalb Stunden. Dennoch mußte für diesen Vorgang jedesmal eine kurze Fahrt im Ruderboot zwischen dem Bedienungsraum auf dem südlichen Eckpfeiler und dem Drehpfeiler in Kauf genommen werden.

Auf der Brücke befand sich ein ständig mit zwei Brückenwärtern besetzter Brückenposten. Diese hatten außer dem Blockwerk, der Fernsteuerung der Drehbrücken sowie der Signalbedienung auch die Stromerzeugungsanlage zu bedienen. Weiterhin besichtigten sie in Vertretung des Hafenmeisters den Schiffsverkehr.

Die Drehbrücken blieben in der Zeit von 24 bis 6 Uhr ständig für den Schiffsverkehr geöffnet. Auf den Vorköpfen der Drehbrücken befanden die sich aus Körben und Laternen bestehenden Schiffahrtssignale.

Interessant ist, daß über die Brücke bei Bedarf auch Vieh und Pferde geleitet wurden! Allerdings war der an der Außenseite der Brücke befindliche Fußsteig hierfür zu schmal. Daher geschah dies über das Betriebsgleis Ducherow - Swinemünde. Die Reichsbahn haftete für keinerlei während des Hinübertreibens auftretender Schäden. In einem Schreiben vom 29. November 1932 an die Rbd Stettin war das Reichsbahnbetriebsamt Prenzlau allerdings der Meinung, das Hinüberleiten von Tieren künftig nicht mehr zu gestatten. Als Grund gab es u.a. an:

„Es scheint mir trotzdem zweifelhaft, ob die Verwaltung im Ernstfalle wirklich eine Haftung mit Erfolg ablehnen kann. Einmal bleibt es immer möglich, daß ein Tier beim Auftreten auf eine Schiene zu Fall kommt und Schaden erleidet, ferner bieten niedrige Hauptträger der jetzigen Drehbrücke und späteren Hubbrücke nicht genügend Sicherheit gegen Überspringen wild oder scheu gewordener Tiere. ...."

Mit den zunehmenden Verkehrslasten Ende der zwanziger Jahre genügte die Brücke nicht mehr den Anforderungen. Hinzu kam der Verschleiß einiger wichtiger Teile. Beispielsweise waren die elektrischen Einrichtungen völlig verbraucht. Die Reichsbahn vermerkt hierzu:

„Kurzschlüsse und Kabelbrüche sind nicht selten. Bei Brüchen an den beweglichen Kabeln, die auf den Drehpfeilern der Brückenmotoren anschließen, hält einer der beiden Brückenwärter die beiden Enden des gebrochenen Kabels mit der Hand zusammen(!), damit die Brücke gedreht werden kann."

Die Reichsbahn hielt es für richtig, kein größeres Kapital mehr in die Drehbrücke zu investieren. Eine neue Lösung mußte gefunden werden!

Schiffsverkehr an der Eisenbahndrehbrücke Karnin					
Zeit	Jahr				
	1922	1923	1924	1925	1926
Januar	16	41	-	8	26
Februar	-	11	-	25	93
März	109	81	4	78	75
April	110	90	113	71	120
Mai	130	126	201	116	144
Juni	134	135	123	120	174
Juli	158	116	128	135	166
August	123	102	151	161	131
September	118	110	147	121	165
Oktober	162	94	127	118	114
November	102	15	94	76	84
Dezember	21	95	92	48	55
Geschleppt durch die Reichsbahn	1183	1016	1180	1077	1347
Dazu Fischereifahrzeuge, Polte, usw. im Mittel:	rund 850	rund 850	rund 850	rund 850	rund 850
Geschleppt wurden desweiteren: Privatdampfer (rund 1500), Schleppzüge mit Privatdampfer (rund 1500) und Segler mit eigener Kraft (rund 4500). Insgesamt rund 8500 im Jahr.					

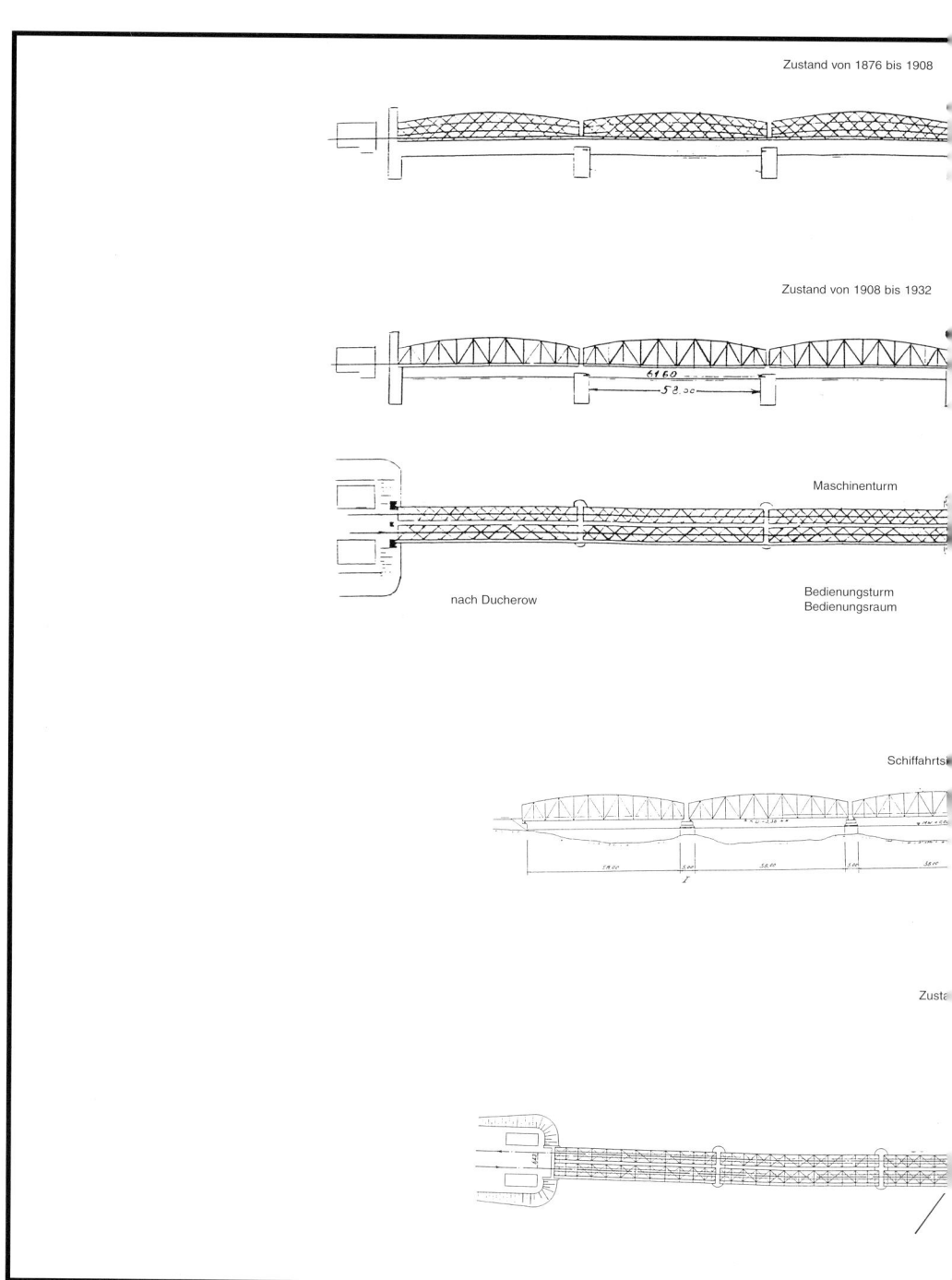

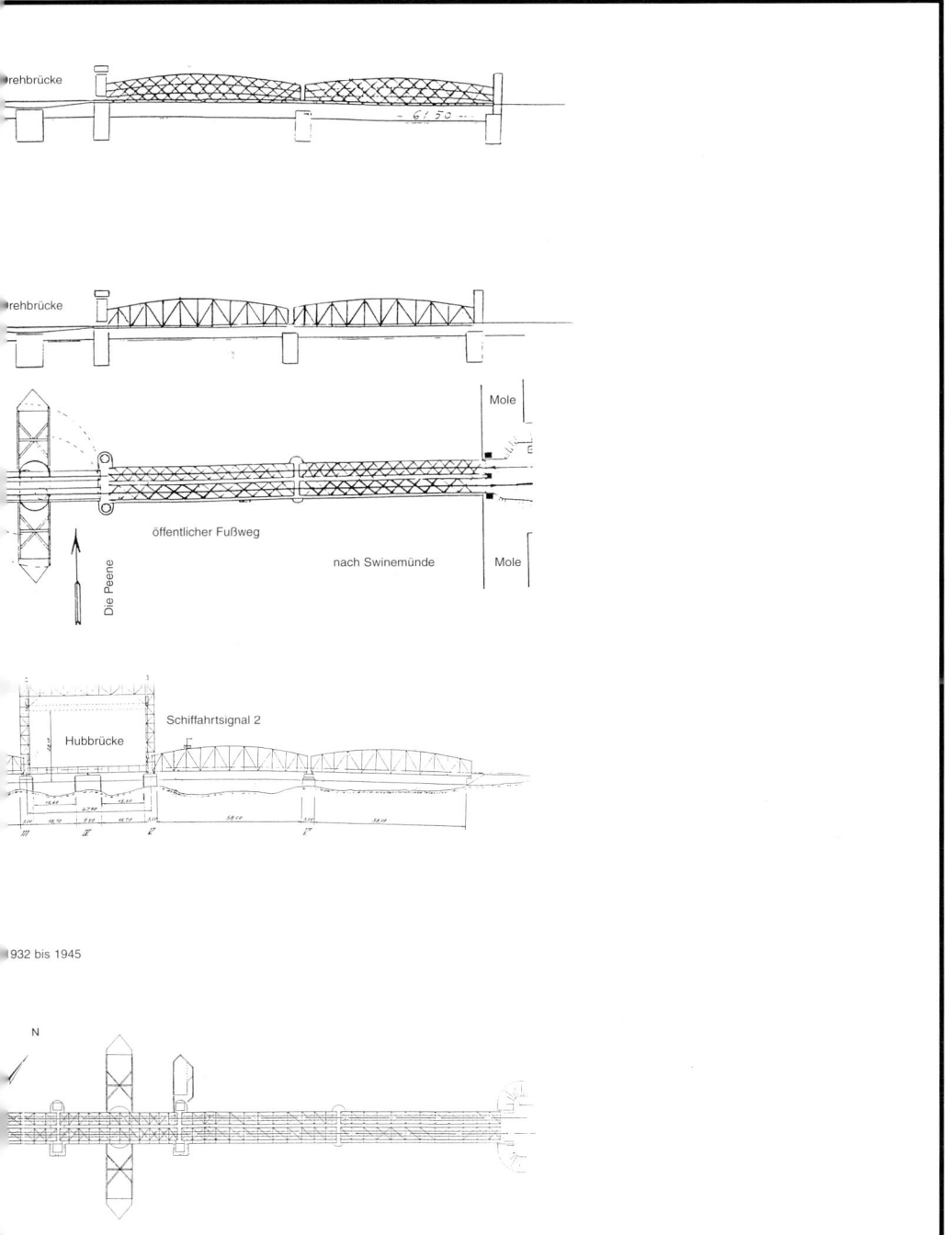

Die gesamte Brückenanlage über den Peenestrom. Von der Hubbrücke aus führt das Gleis nach links auf die Insel Usedom und nach rechts auf das Festland.
Foto: Sammlung Museum im Steintor Anklam

3. Zwei Varianten für den Neubau

Die Reichsbahn hatte für den Neubau zunächst keine Hubbrücke sondern eine Klappbrücke ins Auge gefaßt. Zur Vermeidung allzu technisch, aufwendiger Bauweisen hätten bei dieser Konstruktion statt der zwei vorhandenen Schiffsdurchlässe nur eine Schiffsdurchfahrt angeordnet werden können. Diese Durchfahrt sollte analog der Zecheriner Straßenklappbrücke eine lichte Weite von 19,20 m besitzen. Die Brücke hätte bei eingleisigem Betrieb in senkrechter Lage erbaut werden können, wobei nicht die Schiffahrt behindert gewesen wäre. Der Entwurf einer Klappbrücke wurde bereits monatelang bearbeitet und gefördert, da mußte er plötzlich doch zu den Akten gelegt werden. Der Grund findet sich in den Akten der Deutschen Reichsbahn-Gesellschaft vom 14. November 1931:

„In der Frage der Erneuerung der beweglichen Peenebrücke bei Karnin haben die Wasserbaudirektion sowie die Industrie - und Handelskammer in Stettin ihren Standpunkt geändert, sie verlangten jetzt, daß die bisherigen beiden, die Gegenfahrten trennenden Durchfahrtsöffnungen für die Schiffahrt erhalten bleiben."

Besonders die Kleinschiffer hatten sich für die Beibehaltung zweier Schiffsöffnungen stark gemacht. Infolgedessen sah sich die Reichsbahn gezwungen, den Plan einer Klappbrücke fallen zu lassen. Im Interesse der Schiffahrt entschloß sie sich zum Bau einer Hubbrücke. Ein Vorbild fand man in der Rotterdamer Hubbrücke über den Königshafen.

4. Bau der Hubbrücke

Während der Bauarbeiten fuhren die Züge in beiden Richtungen über die südöstlichen Brücken. Die norwestlichen Überbauten waren außer Betrieb. Für diese geänderte Betriebsweise errichtete man vorübergehend auf der Ducherower Seite (Festland) einen besonderen Stellwerks - und Betriebsposten. Dieser Befand sich unmittelbar an der Brücke und nannte sich „Vpb" (**V**or **P**eene-**B**rücke). Unter die Überbauten von 1876 wurden Rammgerüste in den Strom geschlagen, die Überbauten darauf abgestützt, anschließend zerschnitten und abgefahren. Die Bauarbeiten begannen an beiden Brückenenden gleichzeitig und schritten stufenweise nach der Strommitte hin zu. Die Hubbrücken-Überbauten wurden in ihrer höchsten Lage, zirka 28 m über dem Wasserspiegel, auf einer Bühne zusammengebaut. Für die Gründung der Brückenpfeiler kam ein neuzeitliches Verfahren zur Anwendung. Der Beton wurde hierbei unter Wasser zwischen eiserne Spundwände geschüttet. Die Spundwände verblieben zum Schutz des Bauwerkes im Boden.

An der Baustelle waren extra für den Baustofftransport Feldbahngleise verlegt.   Foto: Slg. Helga Kurth

Am Bau der Hubbrücke waren folgende Firmen beteiligt:
AEG (Allgemeine Elektrizitätsgesellschaft): Elektrische Ausrüstung
Beuchelt & Co. Grünberg (Schlesien): Eisenbau
Carl Brandt, Stettin: Eisenbetonarbeiten
MAN (Maschinenfabrik Augsburg-Nürnberg, Mainz-Gustavsburg): Gegengewichte, Aufhängungen und maschiniellmechanische Ausrüstung
Die Kosten für den Bau beliefen sich auf insgesamt 660 000 Reichsmark.
Am 15. September 1933 konnte der erste Überbau fertiggestellt werden. Seit Dezember desselben Jahres war die Brücke dann zweigleisig befahrbar. Ein Richtfest fand allerdings erst Anfang Februar 1934 statt. Die Rbd Stettin vermerkt hierzu:
„Freitag, den 3. Februar, nachmittags 17.25 Uhr pünktlich, soll in der Gastwirtschaft Genz, Karnin, ein Richtfest in einfacher Form gefeiert werden."
Nach Abschluß der Bauarbeiten wurde die Geschwindigkeit auf der Brücke in mehreren Stufen bis auf die Streckenhöchstgeschwindigkeit von 100 km/h gesteigert. Während jeder Stufe mußte das Bauwerk sorgfältig beobachtet werden. Die Brücke selbst war im Endeffekt für Fahrgeschwindigkeiten von 110 km/h zugelassen.
Die Karniner Brücke war die erste und einzige bisher gebaute Hubbrücke mit Mittellager. Da einerseits aus Gründen der Schiffahrt die getrennten Durchfahrten für beide Schiffahrtsrichtungen erhalten bleiben mußten und andererseits der frühere Drehpfeiler vorhanden war, lag es nahe, diesen zur Aufnahme der Überbaulasten heranzuziehen. Durch Verwendung des Mittellagers konnte eine beträchtliche

Gewichtsersparnis bei den Überbauten erreicht werden. Ohne Anordnung des Mittellagers wäre bei der Hubbrücke eine Verstärkung der beiden Endpfeiler erforderlich gewesen. Dies hätte Mehrkosten von nahezu 150 000 Reichsmark verursacht.

Anläßlich der Inbetriebnahme der zweigleisigen Hubbrücke im Dezember 1933 hatten die am Bau mitwirkenden Arbeiter zu einem Gruppenfoto auf dem beweglichen Überbau Aufstellung genommen.   Foto: Sammlung Helga Kurth

In voller Schönheit zeigt sich hier die Hubbrücke vom Karniner Ufer aus betrachtet. Das weiße Gebäude im Vordergrund ist das Maschinenhaus, wo auch die Brückenwärter ihren Sitz hatten.   Foto: Sammlung Burkhard Hintz

5. Bedienung und Funktion

Die Eigenart einer Hubbrücke besteht ja darin, daß sie so weit hochgehoben wird, daß die Schiffe unter ihr hinwegfahren können. Die Brücke arbeitete also nach dem Prinzip eines Fahrstuhls. Allerdings hatte sie im Gegensatz zu einer Fahrstuhlkabine, die durch Personen oder Güter belastet wird, nur das Eigengewicht der Überbauten zu tragen. Die Überbauten hingen an den Hauptträgerenden an Drahtseilen. Ausgleichhebel gewährleisteten eine gleichmäßige Belastung der Brücke. In jedem Hubturm lief ein Gegengewicht. Jeden Überbau hielten die dazugehörigen Gegengewichte annähernd im Gleichgewicht. Das verbleibende Übergewicht von etwa 2 Tonnen diente zur Erhöhung der Sicherheit der Auflagerung in der tiefsten Stellung.

Blick durch die Hubbrücke in Richtung Ducherow. Die Fahrbahn ist hochgehoben und man sieht an den Seiten in den Hubtürmen die heruntergelassenen Gewichte.
Foto: Sammlung Thomas Butrym

An der nordöstlichen Seite der Hubbrücke hatte der Brückenwärter seine Diensträume in einem zweistöckigen Maschinenhaus. Das untere Stockwerk enthielt den Umspannungsraum, in dem der mit 15 000 Volt ankommende Drehstrom auf 220/380 Volt transformiert wurde. Daneben befand sich im Hauptraum die Maschinenanlage. Im oberen Stockwerk ein Akkumulatorenraum sowie der eigentliche Bedienungsraum. Die Akkumulotorenbatterie diente in erster Linie zum Betrieb der Schiffahrtssignale. Im Bedienungsraum befand sich das Schaltpult für die Antriebsmaschinen der Hubbrücke sowie die Sicherungsanlage. Hier gab es auch einen Tiefenanzeiger, der die jeweilige Lage der Überbauten anzeigte. Vor dem Maschinenhaus hatte man auf der einen Seite eine offene Bühne angeordnet, die eine gute Übersicht bot.

Die Bedienungseinrichtungen waren so gebaut, daß die richtige Reihenfolge der einzelnen Handlungen zwangsläufig gesichert waren. Die Bedienung mußte beim Schließen der Brücken damit beginnen, daß die Schiffahrtssignale auf Halt gestellt wurden und endete nach dem Senken der Hubbrücke mit dem Ziehen der Eisenbahnsignale auf Freie Fahrt. Wenn ein besonderer Anlaß vorlag, konnte der Wärter die Hubbrücken durch eine Notbremse zum Stillstand bringen.

Die Brücke hob sich täglich bis zu 25 mal. Jede Hebung oder Senkung dauerte im langsamen Gang vier, im schnellen Gang drei Minuten. Als Hubgeschwindigkeit waren 30 cm/s festgelegt.

Während der Sommermonate senkte man die Brücke nur zur Durchfahrt der Züge ab. Wegen des regen Schiffsverkehrs befand sie sich ansonsten dauernd in gehobener Stellung. Während des Winterfahrplans blieb die Brücke regelmäßig innerhalb der Nachtpausen in der tiefsten Lage. War die Peene vollständig zugefroren und die Schiffahrt eingestellt, blieb die Brücke mitunter mehrere Wochen geschlossen.

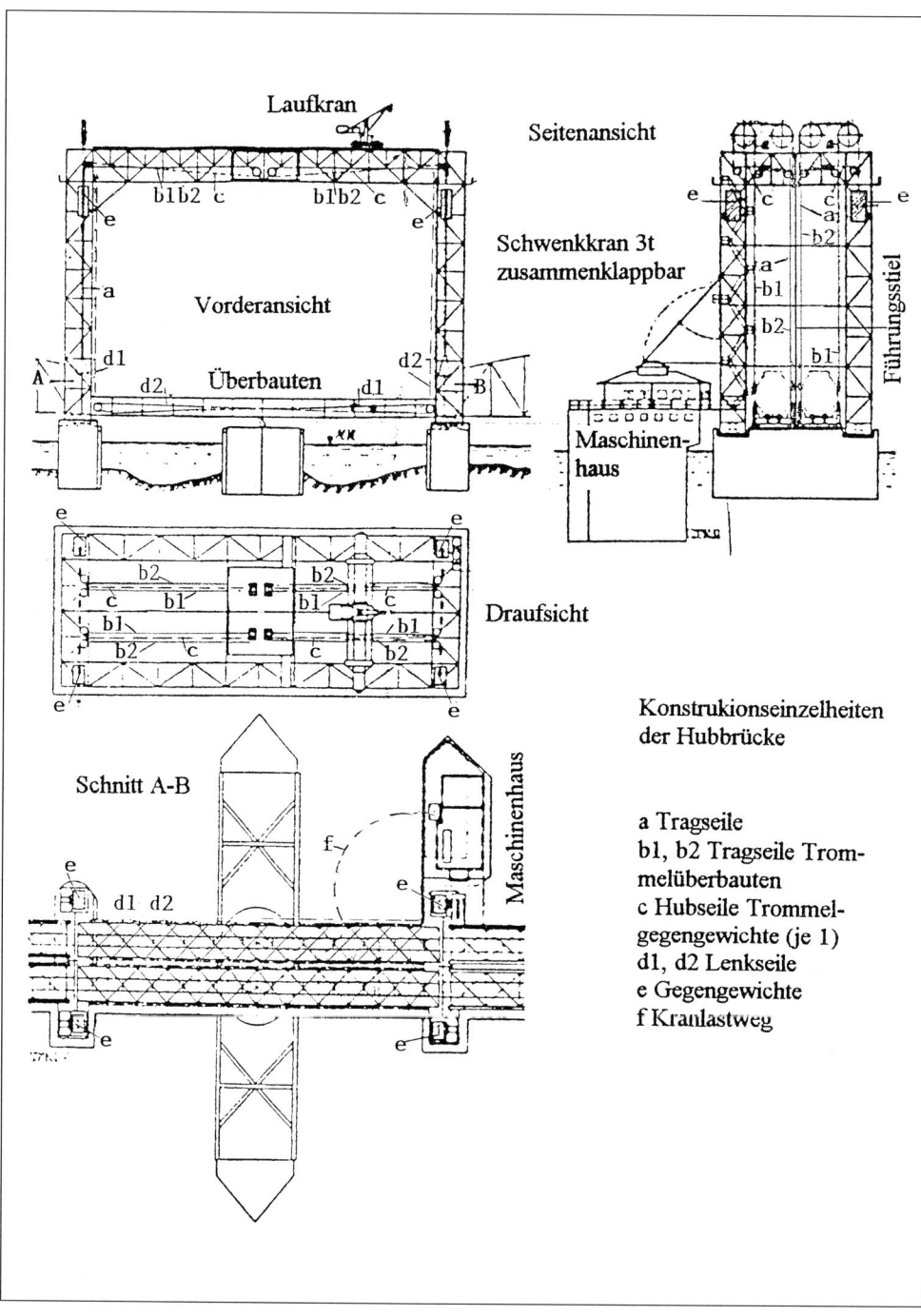

Das Innere des Maschinenhauses.　　　　　　　　　　　　　　　　　　Foto: Sammlung Thomas Butrym

Im normalen Betrieb fuhren beide Überbauten gleichzeitig von beiden vorhandenen Motoren angetrieben auf und ab. Das geschah aus folgendem Grund. Die Schiffer waren wenig an die Beachtung von Signalen gewöhnt. Sie befürchteten, daß sie ihr Schiff, wenn zuerst nur ein Überbau nach Oben fährt, irrtümlich zu früh in Bewegung setzen und dann zwangsläufig gegen den zweiten Überbau fahren könnten. Es konnten auch beide Überbauten von einem Motor gehoben und gesenkt werden, allerdings nur mit halber Geschwindigkeit. Schließlich war es auch möglich, bei Bedarf einen Überbau alleine in Betrieb zu nehmen. Dies konnte, wenn notwendig, mit dem für den anderen Überbau bestimmten Motor geschehen.

Weitere Details zur Bedienung der Hubbrücke enthält die in Auszügen auf der folgenden Seite wiedergegebene Dienstanweisung:

Technische Parameter der Hubbrücke		
Höhe des Hubgerüstes	33,0	m
lichte Höhe	26,0	m
Länge eines Hubüberbaues	47,9	m
Breite des gesamten Hubbrückenteiles	16,0	m
Gewicht eines Hubüberbaues	134,0	t
Gewicht der entsprechenden Gegengewichte	132,0	t
durchschnittliche Hubgeschwindigkeit	0,3	m/s
Hub- bzw. Senkzeit	2,0	min
Breite der durch den Mittelpfeiler getrennten Durchfahrtsöffnungen	15,6	m

§ 1
Die Bedienung des Schaltpultes ist nur den hierzu befugten Bediensteten gestattet.
§ 2
Alle vorkommenden Unregelmäßigkeiten sind sofort dem diensttuenden Werkführer mitzuteilen.
§ 3
Das Abstellen von Schäden ist Sache der beiden Werkführer.
§ 4
Die Brückenwärter haben den diensttuenden Werkführer in jeder Hinsicht zu unterstützen.
§ 5
Vor jeder Brückenbewegung hat sich der Brückenwärter persönlich zu überzeugen, daß die Brücken frei sind.
§ 6
Arbeiten die Werkführer am Getriebe im oberen Maschinenhaus, so ist vor jeder Brückenbewegung ein Signal zu geben. Erst wenn das Signal erwidert ist, darf eine Brückenbewegung stattfinden.
§ 7
Vor dem Verriegeln der Brücken hat sich der Brückenwärter persönlich zu überzeugen, ob auch beide Brücken die untere Endlage erreicht haben.
§ 8
Muß aus irgendeinem Grund vom Regelbetrieb abgewichen werden, so ist es Sache des diensttuenden Werkführers, das Umstellen des Betriebsumschalters für den einseitigen Betrieb vorzunehmen.
§ 9
Soll im Einzelbetrieb mit Brücke I oder II gefahren werden, so muß im Betriebsumschalter das Schloß für die Entblockung erst geschlossen werden.
§ 10
Beim Fahren der Brücken sind die Strommesser, der Spannungsmesser und die Geschwindigkeitsmesser ständig zu beobachten.
§ 11
Ein besonderes Augenmerk hat der Brückenwärter darauf zu richten, daß beim Heben und Senken der Brücken die Verzögerung zur richtigen Zeit einsetzt. Sollte aus irgendeinem Grund die Verzögerung aussetzen, so ist der Kontroller sofort auf Verzögerungskontakt 1 zu schalten. Besteht dann noch Gefahr, daß die Brücken zu hart aufsetzen, so ist die Notbremse einzuschalten.
§ 12
Das Einschalten der Notbremse nur zum Zwecke des Ausprobierens ist dem Brückenwärter untersagt.
§ 13
Wird an der Brücke gearbeitet, so muß in erster Linie aber dafür gesorgt werden, daß die rechtzeitige Freigabe der Hubbrücken für den Eisenbahnbetrieb gewährleistet ist.
§ 14
Das Betreten des Bedienungshauses ist fremden Personen nicht gestattet.

Adalberg Hagemann, Brückenwärter von 1918 - 1945, der Ingenieur, der das Projekt entwarf und Brückentechniker Tetzlaff (v.l.n.r.). Foto: Slg. Museum im Steintor Anklam

6. Wartung und Unterhaltung

Die Unterhaltung der Hubbrücke lag in den Händen von besonders ausgebildeten Werkführern. Diese hatten sich bewußt zu sein, daß schon die geringste Vernachlässigung zu großen Störungen führen konnte. Alle Teile mußten daher selbstverständlich gewissenhaft gewartet und untersucht werden. Kam es dennoch zu Störungen, war mit Ruhe und Besonnenheit festzustellen, wie diese schnellstens zu beheben waren. In dringenden Fällen hatten die Werkführer das Bahnbetriebsamt Swinemünde fernschriftlich zu benachrichtigen.

Als Reserve bei Störungen stand ein Dieselmotor mit einer Leistung von 110 PS zur Verfügung. Fiel also der Elektromotor aus, konnte immer noch auf den „Diesel" zurückgegriffen werden. Zur Überprüfung des Motors wurden mit ihm einmal pro Woche die Brücken im einseitigen Betrieb einmal gehoben und gesenkt.

In jeder Schicht war einmal ein Rundgang durch die Brückenanlage notwendig. Besonderes Augenmerk hatten die Werkführer auf drehende und bewegende Teile zu richten. Desweiteren waren die Brückenaufhängungen täglich zu schmieren und zu untersuchen. Auch sämtliche andere Teile mußten in gewissen Zeitabständen eingehend untersucht werden.

7. Signal - und Sicherungseinrichtungen

Als Sicherungeinrichtungen für den Eisenbahnverkehr wurden an der Hubbrücke vier Deckungssignale verwendet. Die richtige Bedienung stellte man durch Schlüsselabhängigkeit und eine elektrische Blockierung sicher. Konnte eines oder mehrere der Deckungssignale nicht auf Halt gestellt werden, wurde auch die elektrische Blockierung nicht aufgehoben. Vorhanden war für diesen Fall ein gewöhnlich unter einer Bleiblombe liegender Überbrückungsschalter. Durch dessen Betätigung konnte die Blokkierung beseitigt und die Brücke geöffnet werden.

Auf Tagessignale für die Schiffahrt meinte die Rbd Stettin nicht verzichten zu können. In einem Schreiben an den Oberpräsidenten der Wasserbaudirektion vermerkt sie unter anderem:

„Ferner können wir nach nochmaliger Prüfung aus Gründen der Verantwortung und der Schadenshaftung auf ein Schiffahrtssignal bei Tag nicht verzichten. Die Einrichtung muß so getroffen werden, daß auch bei Tage und bei guter Sicht die Schiffe erst dann unter der Hubbrücke durchfahren dürfen, wenn wir durch ein bestimmtes unmißverständliches Signal die Durchfahrt ausdrücklich erlauben."

Die Schiffahrtssignale bestanden aus gewöhnlichen Eisenbahnhauptsignalen, die auf den anschließenden festen Überbauten der Hubbrücke standen. Diese hatten sich bereits an der Wolgaster Straßenbrücke bewährt. Für jede Fahrtrichtung (vom Haff und zum Haff) war ein besonderes Signal vorhanden. Die Nachtsignale bestanden aus einer roten („Halt") bzw. einer grünen („freie Durchfahrt") Laterne. Damit der Brückenwärter das Schiffahrtssignal für eine der beiden Fahrtrichtungen auf „Fahrt frei" bringen konnte, mußten beide Überbauten in der oberen Endlage angekommen sein. Umgekehrt konnte er erst dann einen der beiden Überbauten zum Absenken von den Sicherungsklinken lösen, wenn er beide Schiffahrtssignale auf die Stellung „Schiffahrt verboten" gebracht hatte.

Den Abschluß des Fußweges an beiden Seiten der Hubbrücke sicherten kleine elektrisch betriebene Schranken.

Zur Verhinderung des Absturzens der Überbauten oder der Gegengewichte waren an beiden Seiten der Gegengewichte Fangeinrichtungen angebracht. Weiterhin hielten die Gegengewichte in ihrer Höchstlage sogenannte Sicherheitsklinken. Diese fielen selbstständig ein und wurden vor der Aufwärtsbewegung elektromagnetisch ausgehoben.

Vor den Kasematten befanden sich auf beiden Seiten der Brücke sogenannte Deckungssignale für den Eisenbahnverkehr.
Foto: Sammlung H. Bergmann

8. Hilfseinrichtungen

Auf den Längstriegeln der Hubbrücke befand sich ein Laufkran. Dieser leistete bereits beim Aufbau der Brücke gute Dienste. Er diente darüberhinaus später für die Unterhaltungsarbeiten. Mit seinem Ausleger erreichte er den gesamten Bereich der Hubbrücke. Seine Tragkraft betrug 8 Tonnen. So konnte er auf einmal einen vollständigen Seilscheibensatz anheben. Zusätzlich befand sich ein zusammenklappbarer Schwenkkran an dem Hubturm, der dem Bedienungshaus am nächsten stand. Dieser erreichte das nächstliegende Gleis und eine Maschinenluke am Bedienungshaus. Der Kran erleichterte das Ein - und Ausladen von Betriebsstoffen, die mit Güterwagen herangeschafft wurden.

An diesem Hubturm ist eine Treppe angebracht, die bis zum obersten Teil der Hubbrücke reicht. Sie war zur Benutzung bei Brückenunterhaltungsarbeiten vorgesehen. In den anderen Hubtürmen sind nur Steigleitern angebracht. Alle Maschinenteile waren durch Laufstege gut zugänglich.

9. Besichtigung durch Reisegruppen

Für die Besichtigung galt folgendes: Nur Reichsdeutschen unter Begleitung eines aufsichtführenden Beamten war die Besichtigung gestattet. Änderungen des Zeitpunktes der Besichtigung mußten rechtzeitig dem Reichsbahn-Betriebsamt in Prenzlau mitgeteilt werden. Das Fotografieren während der Besichtigung war verboten. Fotoaparate mußten auf dem Bahnhof Karnin hinterlegt werden. Besichtigten Reisegruppen die Hubbrücke, geschah dies auf eigene Gefahr. Die Reichsbahn trug keinerlei Haftpflicht für Personen - oder Sachschäden. Den Teilnehmern war es gestattet, mit den Brücken nach oben zu fahren. Um Überlastungen der Motoren zu vermeiden, durften bei Regelbetrieb nicht mehr als 12 Personen Platz nehmen. Bei Einzelbetrieb wurde die Anzahl der Personen auf sechs beschränkt.

10. Das Ende der Brücke

Noch gegen Ende des 2. Weltkrieges sollte der Eisenbahnverkehr zur Insel Usedom unterbrochen werden. Am 28. April 1945 zerstörte daher ein Sprengkommando der SS die Brückenpfeiler und die fünf festen Überbauten der Karniner Brücke stürzten in den Peenestrom. Die Sprengkammern waren bereits Anfang des Krieges eingebaut worden. Der Grund für die Zerstörung der Brücke war folgender: Ende April 1945 begann der tagelange Kampf um den Peeneübergang vom Festland her. Aus Richtung Anklam näherte sich eine Vorausabteilung der 2. Stoßarmee des Generals P. Fidunski. Mit der Sprengung sämtlicher Peenebrücken sollte Usedom uneinnehmbar gemacht werden. Die Hubbrücke blieb aber absichtlich unbeschädigt stehen. Mit ihren nach oben gefahrenen Überbauten sollte sie der im Stettiner Haff liegenden deutschen Marine den Rückzug ermöglichen. Über den Rückzug der deutschen Truppen ist folgendes überliefert:

„Zu dieser Zeit war die Gruppe Oberst Ledebur auf Kamp zurückgegangen, die geplante Verstärkung der Hauptkampflinie nördlich der unteren Peene schon überholt, weil diese Abwehrfront durch den Feindvorstoß auf Wolgast gerade überflügelt wurde. So mußte die Gruppe notgedrungen auf die Insel Usedom ausweichen. Als die ersten im Schutz von vier Prahmen der

Diese Foto wurde sicher für den Fotografen gestellt, denn von der Betriebssituation her gibt es einige Ungereimtheiten. Das Signal für die Schiffahrt zeigt deutlich „Fahrt frei" und man erkennt einen Schlepper im Durchfahrtsbereich der Hubbrücke, aber es ist nur ein Überbau in der oberen Lage, zudem kann auf der Brücke ein Zug ausgemacht werden.
Foto: Sammlung Burkhard Hintz

8. A-Flotille in die Stellungen entlang der Peene bis zum Achterwasser und am südlichen Haffufer einflossen, wurde hinter ihnen die Bahnbrücke bei Karnin und die Straßenbrücke bei Zecherin mit hochgefahrenen Mittelteilen gesprengt, so daß die Angreifer sie nicht überqueren, kleine Schiffe doch noch immer passieren konnten."

Die Zerstörung der Karniner Brücke, wie auch der anderen Peenebrücken, muß als völlig sinnlos bezeichnet werden. Bereits am 4. Mai setzten die sowjetischen Pionier-Sturmbataillone der 2. Stoßarmee in Mahlzow auf die Insel Usedom über und vier Tage später richteten die Sowjets die ersten Ortskommandanturen in Swinemünde, Usedom und allen größeren Badeorten ein. Wenn auch die Hubbrücke nicht zerstört wurde, ist sie doch durch die Sprengung der anderen Überbauten in Mitleidenschaft gezogen worden. Unter anderem waren die Tragseile und die Fangvorrichtung in Turm 2 beschädigt. Auch die Hebelübertragung in den Türmen 1 und 2 hatte Schaden genommem.

11. Hoffnung für einen Wiederaufbau?

Die Rbd Greifswald ging noch im Frühjahr 1946 von einem Wiederaufbau der Brücke aus. In einem Schreiben der Rbd vom 29. März 1946 heißt es unter anderem:

„Am 26. Februar und 3. März hat eine eingehende Untersuchung der Peenebrücke Karnin stattgefunden. Die Zerstörungen an den festen Überbauten sowie die Beschädigungen an der Hubbrücke machen es erforderlich, den Schwerpunkt der Arbeiten ausschließlich auf das Gleis Swinemünde - Ducherow zu legen. Im unteren Maschinenhaus sind Fenster, Türen, Fliesenbelag des Akkuraumes, Fußboden sowie Treppenhaus wieder einzurichten. Die beschädigte Heizung ist vorerst auszubauen. Der Dachstuhl ist wieder aufzurichten."

Für die Reparaturarbeiten sollte neben der Bahnmeisterei Ducherow auch die Firma M.A.N. herangezogen werden.

Es gab also durchaus Hoffnung für den Wiederaufbau. Allerdings war ja inzwischen das einst deutsche Swinemünde durch die neuen Grenzziehungen der Alliierten dem Staat Polen zugeschlagen worden, so daß der Wiederaufbau der alten Strecke zusätzlich erschwert worden war. Mit dem bereits erwähnten Abbau der Strecke Ahlbeck - Swinemünde galt das Ende der Brücke allerdings als besiegelt. Die festen Überbauten wurden erst 1952 geborgen. Ein Teil fand Verwendung beim Wiederaufbau der ebenfalls im Krieg zerstörten Oderbrücke bei Küstrin. Der Rest wanderte in den Schrott. Unmittelbar nach der Bergung der festen Überbauten wurden Motore, Seile und andere Teile der Hubbrücke gestohlen. Allerdings gab es auch in den Folgejahren Pläne zum Wiederaufbau der Brücke. Ein Vorentwurf aus dem Jahre 1956 berücksichtigte beispielsweise einen Aufbau nach dem alten Konzept. Ein späteres Projekt sah anstelle der Hubbrücke eine Klappbrücke vor. Auch eine Hochbrücke stand zur Diskussion.

Ausgelöst wurden diese erneuten Planungen von der Volksarmee der DDR, die sich auf dem einstigen Versuchsgelände um Peenemünde herum eingerichtet hatte. Dort stand ein großes Kraftwerk, das jeden Tag beträchtliche Mengen an Braunkohle verfeuerte. Diese kam per Bahn heran und konnte ja nur über die Fährschiffverbindung in Wolgast auf die Insel gelangen. Als Nebenerscheinung hätten natürlich auch die damals zahlreich per Bahn anreisenden Urlauber von dem erneuten Eisenbahnanschluß profitiert. Sie mußten in Wolgast Hafen aus dem Schnellzug aussteigen und zu Fuß mit Sack und Pack zu dem 800 m entfernten Inselbahnhof Wolgaster Fähre laufen. Von dort ging es dann wieder mit der Bahn weiter in die ersehnten Urlaubsorte.

Die Planungen sahen aber eine Umgehung des polnischen Territoriums vor, das ab dem alten Bahnhof Kutzow einen neuen Streckenverlauf in Richtung Heringsdorf/Ahlbeck bedingt hätte. Gleichzeitig sollte für

Vier Fotos der Hubbrücke die den heutigen Zustand dokumentieren. Technik im Dornröschenschlaf, die vielleicht einmal von einem Prinzen (heute sagt man wohl eher Investor dazu) wach geküßt wird. Foto: Achim Bötefür

beide Orte ein neuer Gemeinschaftsbahnhof entstehen, um die verkehrsungünstige Spitzkehre im Bf Heringsdorf zu umgehen. Die Vorarbeiten waren bereits soweit fortgeschritten, daß im Frühjahr 1969 der neue Streckenverlauf auf der Insel Usedom vermessen war. Doch plötzlich stockten die Arbeiten und alle Projekte wurden wieder zu den Akten gelegt. Die Kohlelieferungen erfolgten dann in späteren Jahren per Schiff nach Peenemünde, da das Kraftwerk direkt am dortigen Hafen stand.

Den Bahnreisenden bleibt in naher Zukunft (voraussichtlich ab 1998) der Fußweg durch den Bau der kombinierten Eisenbahn/Autobrücke erspart.

12. Die Hubbrücke - ein technisches Denkmal

Mehr als 40 Jahre stand die Hubbrücke ungenutzt im Peenestrom, war bekanntes Ausflugsziel und begehrtes Fotoobjekt. Dann kam das Frühjahr 1990. Die Deutsche Reichsbahn ordnete den Abriß der Brücke an! Hierfür sollte zuvor bei den Bauarbeiten am Rügendamm eingesetzte Technik verwendet werden. Allerdings wurde die Brücke bereits 1985 von der Denkmalliste des Bezirkes Rostock genommen. Dieser Vorgang stand vermutlich im Zusammenhang mit der Schrottgewinnung durch die FDJ (Jugendorganisation in der DDR). Die metellverarbeitende Industrie der DDR gierte nach jeder Tonne Schrott zur Erzeugung neuen Stahls und die Pläne mußten erfüllt werden, koste es, was es wolle.

Man schrieb nun aber das Jahr 1990, die Wende war ins Land gekommen und engagierte Bürger wandten sich gegen einen Abriß der Brücke. Zahlreiche Protestbriefe erreichten die Anklamer Lokalzeitung „Peene-Haff Kurier". Nachfolgend einige Auszüge:

„In unseren Herzen ist die Brücke ein Stück Landschaft geworden. Obwohl die Brücke zerstört ist, hatten wir alle heimlich gedacht, sie kommt wieder zu uns Anklamern und Usedomern. Aber wer hat sich schon mal in 40 Jahren DDR getraut, dazu Stellung zu nehmen. Ich glaube, es wurde viel von der Brücke gesprochen, aber in 40 Jahren DDR wurde nichts getan. Aber dabei soll es nicht bleiben. Usedom ist eine Insel und so wurde sie auch 40 Jahre lang behandelt."

Manfred Lieckfeld

„Seit 1966 ist die genannte Eisenbahnbrücke für mich und Familie, für Besucher, Verwandte und Bekannte stets ein Ausflugsziel und immer wieder gab es neues zu entdecken. Dazu gehört der ehemalige Eisenbahnwagen, der als Schuppen beim ehemaligen Bahnhofsgebäude in Karnin aus längst vergangenen Zeiten kündigt, dazu zählt das Gespräch mit einem Karniner, der diese, seine Brücke als damals modernste in ganz Europa bezeichnet und dazu zählt auch der alte Bahndamm, den man auf den Weg nach Kamp als Straßenhügel überfährt. Der Abriß dieser Brücke, in meinen Augen ein technisches Denkmal besonderer Art, ist nicht nur Zerstörung eines kulturhistorischen Denkmals, sondern zeugt auch von einem sehr kurzsichtigen Herangehen an das Problem. Ich denke, daß die Zeiten, in den die Eisenbahnschienen hier verschwanden, weil vorrangig andere Interessen bestanden, mit der jetzigen Zeit nicht vergleichbar sind und in einigen Jahren eventuell diese so wichtige Eisenbahnverbindung wiederum an Bedeutung und Interesse gewinnt. Auch aus diesem Grund sollte von dem Vorhaben Abstand genommen werden."

Herr Latendorf, Pharmazierat

Einige Tage später berichtet dann dieselbe Zeitung über den bevorstehenden Abriß:
„Die Karniner Eisenbahnhubbrücke unmittelbar an unserer Kreisgrenze soll fallen. Am Dienstag in Karnin. Im Dorf herrscht Ruhe. Von Aufregung keine Spur. Auch direkt am Wasser kein anderes, als das gewohnte Bild. Ein kleines Motorboot zieht am Brückenrelikt vorbei. In der GÜST (Grenzübergangsstelle), knapp 100 m von dem Objekt entfernt nachgefragt: „Was, heute soll der Abriß beginnen, wir wissen von nichts." Im Dorfkonsum ist die Verkäuferin kundiger: Die Brücke bleibt. Noch vor den Wahlen gab es eine Einwohnerversammlung. Da wurde es festgelegt. Wir sind gegen einen Abriß. Auch andere Dörfer wollen die Brücke erhalten. Was hätten wir denn sonst für eine Touristenattraktion?"

Die genannte Einwohnerversammlung fand am 2. Mai statt. Immerhin standen 140 Unterschriften auf einer Eingabe an das Ministerium für Umwelt. Warum aber an das Ministerium für Umwelt? Das ist schnell erklärt. Die Hubbrücke ist Nistplatz für zahlreiche Turmfalken! Und diese Vogelart steht unter Naturschutz. Auf der Versammlung sprachen auch der Vizepräsident der Rbd Greifswald Peters, sowie Heinz Nassnau

von der Hauptverwaltung Bahnanlagen bei der Deutschen Reichsbahn mit den Bürgern. Ein wichtiges Ergebnis des Gespräches war der Abrißstopp bis zum 15. August 1990.
Am 7. Juni, relativ überraschend, ist das Ziel erreicht: Die Hubbrücke steht wieder unter Denkmalschutz! Die Unterschutzstellung erfolgte noch nach dem Denkmalpflegegesetz der DDR vom 15. Januar 1975. Maßgeblichen Anteil am Erhalt der Brücke hatte das Engagement der „Usedomer Eisenbahnfreunde e.V.". In der Denkmalwertbegründung heißt es unter anderem:
„Dieses Brückenbauwerk steht im engen Zusammenhang mit der Wirtschafts - und Sozialgeschichte seines Umlandes und der gesamten Insel Usedom und stellt für diese einen hohen kulturgeschichtlichen Wert dar. Die Pflege und Erhaltung dieses Kulturdenkmals wird ein wesentlicher Beitrag zur Bewahrung der Kulturlandschaft Vorpommerns sein."

13. Ausblick auf die Zukunft der Hubbrücke

Modernisierte Triebwagen und der Einstundentakt brachte der Fahrplanwechsel 1990 der Usedomer Eisenbahn. Seit Juni 1996 bietet die „Usedomer Bäderbahn GmbH" während der Sommermonate sogar einen 40 Minutentakt seinen Fahrgästen an. Wichtige Schritte für eine moderne Eisenbahn auf Usedom sind damit getan, um die Insel und die Urlauber nicht in den Auspuffgasen der Autos ersticken zu lassen.
Ende 1996 konnte in Wolgast eine kombinierte Eisenbahn - und Straßenbrücke dem Verkehr übergeben werden. Mit Gleisen wird dieses Bauwerk allerdings erst 1998 ausgestattet. Für den lokalen Verkehr bringt die Brücke selbstverständlich bedeutende Verbesserungen. Das Umsteigen in Wolgast bzw. Wolgaster Fähre mit dem anschließenden 800 Meter langen Fußmarsch zum anderen Bahnhof entfällt dann. Die Triebwagen können direkt von Züssow aus, an der Hauptstrecke Berlin - Stralsund gelegen, auf die Insel Usedom fahren. Sicherlich ein Anreiz für die Autofahrer, ihr Fahrzeug einmal stehenzulassen und per Bahn auf die Insel zu reisen.
Bereits 1997 ist das Projekt der Streckenweiterführung von Seebad Ahlbeck bis zur ca 2 km entfernten polnischen Grenze in Arbeit. Das Gleis wird wieder auf dem alten Planum verlegt. Der Grenzübergang ist bis dato nur für den Personenverkehr zugelassen, das heißt, die Autos müssen alle auf deutscher Seite stehen bleiben. Ein dementsprechendes Verkehrschaos entsteht jeden Tag vor der Grenze durch die Besucher der Polenmärkte. Darum entstand die Idee der „Usedomer Bäderbahn GmbH" zur Streckenverlängerung.
Allerdings ist die neue Brücke in Wolgast nur für eine Achslast von 16 t ausgelegt. Schnellzüge können sie somit nicht befahren. Eine umweltfreundliche südliche Bahnverbindung für den Fernverkehr steht damit weiterhin auf der Tagesordnung. Die „Usedomer Eisenbahnfreunde e.V." setzen sich daher konsequent für den Wiederaufbau der Karniner Eisenbahnbrücke ein. Im Herbst 1994 nahm die Deutsche Bahn AG umfangreiche Sicherungsarbeiten an der Hubbrücke vor.
Wie ist nun der aktuelle Stand der Dinge? 1996 gründete sich der Aufbauverein Eisenbahnhubbrücke Karnin e.V. mit Sitz im Seebad Ahlbeck. Der Verein hat sich für die folgenden Jahre viel vorgenommen. Zunächst soll mit der Rekonstruktion des leerstehenden Bahnhofgebäudes in Karnin begonnen werden. Auf dem Programm stehen weiterhin die Instandsetzung der Nebengebäude, der Neubau des Güter - und Magazinschuppen und die Sanierung der Bahnsteige sowie des Gleisfeldes. Anschließend sollen die Auflagebereiche an beiden Ufern neuerbaut, die Hubbrücke saniert und schließlich die gesamte Brücke wiederhergestellt werden.
Der Kostenaufwand für diese weiteren Maßnahmen wird dann ca. 40 Millionen DM

betragen. Wer dieses anspruchvolle Vorhaben fördern möchte, kann seinen Betrag auf folgendes Konto überweisen:

Deutsche Bank AG
Bankleitzahl: 13070000
Konto Nr.: 286696001

Es bleibt nun zu hoffen, daß über die Eisenbahnhubbrücke Karnin bald wieder Züge rollen, die alte Strecke wieder hergestellt wird. Erste Schritte in diese Richtung sind mit der Gründung des Aufbauvereins sowie der Inbetriebnahme der Bahnlinie vom Seebad Ahlbeck bis zur deutsch - polnischen Grenze getan.

Anschrift des Fördervereins:
Aufbauverein
Eisenbahnhubbrücke Karnin e.V.
Postfach 1 2 2 1
1 7 4 1 6 Seebad Ahlbeck

Ob jemals wieder so ein idyllisches Foto von der Karniner Eisenbahnbrücke aufgenommen werden kann, wie dieses von Kamp (Festland) aus?
Foto: Sammlung Haffmuseum Ueckermünde

Quellen- und Literaturverzeichnis:
Archivmaterial aus dem Archiv des Reichsbahndirektionsbereiches Greifswald der Rbd Schwerin
„Mecklenburg Magazin", Regionalbeilage der SVZ
„Wissenschaftlich-techn. Information für die drei Nordbezirke", Nummer 7/1986
„Neue Zeit", Ausgabe vom 15. 2. 1993
Verschiedene Ausgaben des „Peene-Haff-Kuriers", des „Haffkuriers", sowie des „Nordkuriers" von 1990 - 1993
„Modelleisenbahner", Heft 5/76, 5/83, 5/91

„Zeitschrift des Vereins Dt. Ing.", Ausgabe vom 11.11. 1933
Wille:„Wanderatlas Usedom", VEB Tourist Verlag, Berlin - Leipzig, 1983
Wille: „Usedom", VEB F.A.Brockhaus Verlag, Leipzig, 1983
Richter/Heim: „Ahlbeck", K. Reich Verlag, Rostock, 1991
Lindenblatt: „Pommern 1945", Verlag G.Rautenberg, 1984
Kuhlmann, „Eisenbahnen auf Usedom", Alba GmbH, 1995
Kursbuch der DR, diverse Ausgaben
Unterlagen aus dem Amt für Denkmalpflege Schwerin
Persönliche Aufzeichnungen des Autors